RETIRÉ DE LA COLLECTION UNIVERSELLE
Bibliothèque et Archives nationales du Québec

# Table

| | |
|---|---|
| Qu'est-ce que le Néolithique ? | p. 4 |
| Du Proche-Orient à l'Europe | p. 6 |
| Une vraie révolution ! | p. 8 |
| Chasseurs-cueilleurs et agriculteurs-éleveurs : le choc des cultures | p. 10 |
| Le Néolithique à travers le monde | p. 12 |
| Premières maisons, premiers hameaux | p. 14 |
| Des villages au bord des lacs | p. 16 |
| Les sites fortifiés | p. 18 |
| Un paysage au Néolithique | p. 20 |
| Veaux, vaches, cochons | p. 22 |
| Moutons, chèvres et pasteurs | p. 24 |
| La chasse | p. 26 |
| La pêche | p. 28 |
| Blé, orge, pois et lentilles | p. 30 |
| Des outils pour les champs, la forêt et le village | p. 32 |
| Conserver la nourriture et l'eau | p. 34 |
| Du pain, des bouillies, des grillades... | p. 36 |
| L'apparition du pot en céramique | p. 38 |
| Des poteries décorées | p. 40 |
| La famille | p. 42 |
| Femmes de terre, femmes de chair | p. 44 |
| Le taureau et l'aurochs | p. 46 |
| Des haches comme attribut du savoir | p. 48 |
| Des vêtements en peau, cuir et tissu | p. 50 |
| Se faire beau avec de la pierre, des coquillages et de l'os ! | p. 52 |
| Du silex en quantité industrielle ! | p. 54 |
| Des maîtres tailleurs de pierre experts | p. 56 |
| Échanger dans les villages | p. 58 |
| Échanger des nouvelles et des marchandises aux quatre coins de l'Europe | p. 60 |
| Naviguer | p. 62 |
| Les funérailles du grand homme | p. 64 |
| Le mégalithisme | p. 66 |
| Les débuts de la métallurgie | p. 68 |
| Le pouvoir du métal | p. 70 |
| Vers les âges des métaux | p. 72 |
| Quiz | p. 74 |

Reproduit et achevé d'imprimer en avril 2014 par l'imprimerie Pollina à Luçon
pour le compte des éditions ACTES SUD, Le Méjan, Place Nina-Berberova, 13200 Arles
Dépôt légal 1re édition : mai 2014 – N° impression : L68067A *(Imprimé en France)*
Imprimé sur du papier issu de forêts gérées durablement.

# LE NÉOLITHIQUE
## à petits pas

ANNE AUGEREAU • LOÏC MÉHÉE

# Qu'est-ce que le Néolithique ?

Le Néolithique se situe à la fin de la préhistoire, en France entre 5800 et 2500 avant J.-C. C'est une période clé pour l'histoire de l'humanité !

**Un âge poli !**
Le mot Néolithique veut dire "âge de la pierre nouvelle", du grec *neos* qui signifie "nouveau" et *lithos*, "pierre". On appelle ainsi cette période de la préhistoire en raison des outils en silex poli qui ont été découverts par les archéologues à la fin du XIXe siècle. Ce polissage de la pierre n'existe pas aux époques précédentes de la préhistoire, au Paléolithique et au Mésolithique, où les hommes se contentent de tailler le silex.

**Du blé dans les champs et des vaches dans les prés**
Mais le Néolithique, c'est surtout l'apparition d'un nouveau mode de vie avec les débuts de l'agriculture et de l'élevage. Avant, les hommes trouvaient leur nourriture dans la nature, en chassant, en pêchant et en cueillant des plantes et des fruits. Au Néolithique, on fait pousser des céréales et on élève des animaux.

**Les débuts de la vie villageoise**
D'autres innovations importantes ont lieu à peu près à la même période. La technique de la terre cuite est utilisée pour faire des vases qui sont fabriqués en grand nombre. On construit les premières maisons et les premiers villages : le mode de vie nomade est abandonné et les groupes humains deviennent sédentaires.

# Du Proche-Orient à l'Europe

Apparu d'abord au Proche-Orient, le Néolithique va gagner en deux mille ans les rives de l'Atlantique ! Cela a été possible grâce à l'arrivée sur le continent européen de nouvelles populations qui se déplacent d'est en ouest en amenant avec elles un mode de vie nouveau.

**Naissance du Néolithique**
C'est au Proche-Orient, dans le Croissant fertile – aux confins des territoires actuels de l'Iran, de l'Irak, du Liban, d'Israël, de la Syrie et de la Turquie –, qu'est né le mode de vie néolithique. Vers 12500 avant J.-C., les populations sont souvent déjà sédentaires et construisent des maisons rondes, avec des murs en argile renforcés par des poteaux en bois. Vers 9000 avant J.-C., elles se mettent à domestiquer des plantes et des animaux : d'abord le blé, l'orge, le mouton et la chèvre puis les lentilles, les pois, le porc et le bœuf.

## Des migrants en route vers l'Europe

L'arrivée du Néolithique en Europe s'effectue en deux millénaires à partir de 6800 avant J.-C. Il s'implante probablement grâce à une migration de populations néolithiques depuis les zones orientales d'origine.

Une première vague de migrants passe par la Méditerranée. Ainsi, aux VII$^e$ et VI$^e$ millénaires avant J.-C., les Balkans, le sud de l'Ukraine et les rives de la Méditerranée sont les premières régions touchées. Au VI$^e$ millénaire, une seconde vague remonte le Danube depuis la mer Noire. La culture néolithique se développe alors en Slovaquie, en Hongrie et en Roumanie puis dans le reste de l'Europe tempérée. Ainsi, par les plaines du Danube – d'où l'appellation de Néolithique danubien –, les territoires actuels de l'Allemagne puis le Bassin parisien sont colonisés. Au V$^e$ millénaire, seules l'Europe du Nord et les îles Britanniques conservent un mode de vie traditionnel de chasse et de pêche.

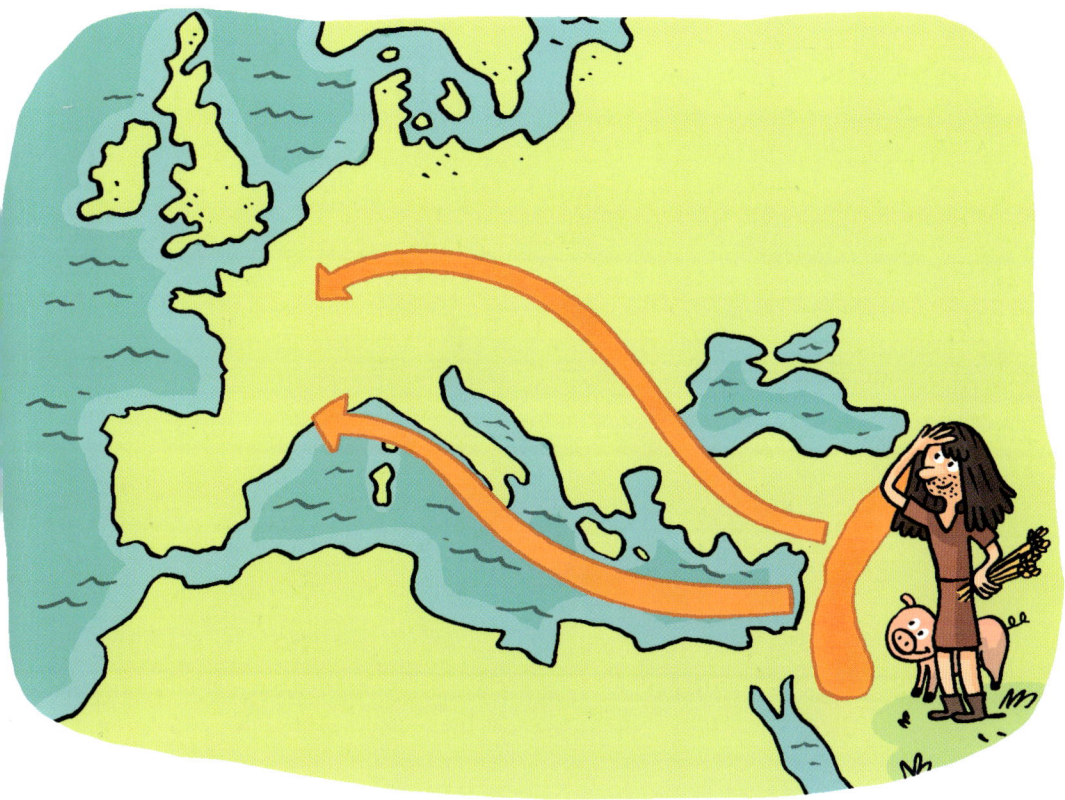

À travers ce panorama général, il faut retenir que le Néolithique arrive sur le territoire français en deux temps, à cinq cents ans d'intervalle environ : d'abord au sud, vers 5800 avant J.-C., par le courant méditerranéen puis au nord, par le courant danubien.

# Une vraie révolution !

Le nouveau mode de vie qui se répand au Néolithique est une étape très importante de l'histoire de l'humanité au même titre que l'invention du feu ou de l'écriture. L'agriculture, l'élevage, la construction de maisons, la vie en village font encore partie intégrante de notre civilisation au XXIe siècle !

**Une rupture majeure**
La fin du nomadisme et l'invention de l'**économie de production**\* sont la base de notre mode de vie actuel. Les archéologues ont parlé de révolution néolithique. Mais il ne s'agit pas pour autant d'un changement brutal et rapide.

**Kézako ?**
On appelle économie de production la capacité à transformer et domestiquer la nature pour produire sa nourriture par la pratique de l'élevage des animaux et l'agriculture. On y oppose l'économie de prédation qui consiste à prélever sa nourriture dans la nature sans la transformer, par la chasse, la pêche et la cueillette.

**Une nature apprivoisée petit à petit**
On pense que l'agriculture est très ancienne et puise ses origines dans des pratiques antérieures au Néolithique. Par exemple, on sait que vers 12500 avant J.-C., les chasseurs-cueilleurs du Proche-Orient utilisent des céréales sauvages pour faire de la farine ; puis ils mettent en pratique ce qu'ils ont appris en observant la nature : ils plantent les graines pour les faire pousser. À la moisson, les épis de blé les plus résistants sont sélectionnés. C'est ainsi qu'en l'espace de deux mille ans sont nées les espèces domestiques de céréales et la pratique de l'agriculture.

Un processus semblable et aussi long est mis en œuvre pour domestiquer certains animaux choisis d'abord pour leur caractère assez placide : de temps à autre, des moutons, des chèvres, des aurochs sont attrapés et mis dans des enclos, d'abord pour servir de réserve de chasse ; puis parmi eux, certains jeunes animaux sont choisis pour être apprivoisés.

**Des villageois qui deviennent agriculteurs et éleveurs**
L'apparition des villages est survenue avant la domestication des plantes et des animaux. La sédentarité des groupes humains leur a sans doute permis d'exploiter leur environnement en mettant en pratique des savoirs acquis depuis des millénaires.

# Chasseurs-cueilleurs et agriculteurs-éleveurs : le choc des cultures

Les migrants néolithiques arrivent dans des régions où vivent depuis longtemps des populations de chasseurs-cueilleurs. Comment s'est passée leur rencontre ?

**Une arrivée très progressive sur plusieurs siècles**
Dans le sud de la France, les Néolithiques, apportant avec eux graines et animaux domestiques, s'installent en bord de mer, puis pénètrent progressivement dans les plaines de l'arrière-pays où les sols sont propices à l'agriculture. Ils gagnent également les moyennes montagnes pour faire pâturer leurs bêtes. Au nord de la France, ce sont d'abord les vallées qui sont colonisées où des villages s'implantent tous les 4 ou 5 kilomètres.

## Le face-à-face d'hommes et de femmes aux modes de vie très différents

Dans toutes ces régions, des petits groupes de nomades autochtones, que les archéologues appellent les **Mésolithiques**\*, continuent de chasser, de pêcher, de ramasser du silex pour fabriquer leurs outils, tout en observant de loin ces étranges arrivants.

Les Mésolithiques et les Néolithiques sont sans doute entrés en contact de manière pacifique. Mais les Mésolithiques ne tolèrent leurs nouveaux voisins qu'à la condition qu'ils respectent leur territoire de pêche et de chasse. Ils les connaissent d'ailleurs déjà un peu : quelques-uns sont venus en reconnaissance avant l'arrivée des migrants pour discuter avec eux des conditions de leur implantation. Ils ont apporté des poteries et les Mésolithiques leur ont offert quelques quartiers de viande de sanglier qu'ils sont habiles à débusquer. Ils ont pu aussi donner aux nouveaux arrivants des chiens de chasse, seuls animaux qu'ils aient eux-mêmes domestiqués depuis longtemps en apprivoisant des loups. En échange, les Néolithiques proposent des semences, des bœufs, des moutons et des chèvres, peut-être aussi parfois des tissus.

Ces échanges favorisent petit à petit la disparition du mode de vie nomade par l'assimilation, progressive mais inévitable, des chasseurs-cueilleurs dans la société néolithique.

### Kézako ?
Nom donné aux derniers chasseurs-cueilleurs vivant à la période mésolithique, entre 10000 avant J.-C. et l'arrivée des populations néolithiques.

# Le Néolithique à travers le monde

Le Néolithique est apparu dans d'autres régions du monde que le Proche-Orient. Presque au même moment, entre 10000 et 5000 avant J.-C., en Amérique, en Asie et en Afrique, on commence à pratiquer l'agriculture et l'élevage.

**Sur le continent américain**
En Amérique du Sud, dans les régions andines, on cultive, à partir de 8600 avant J.-C., du piment, des haricots, du maïs et des courges. Ce n'est que tardivement, vers 2000 avant J.-C., que la pomme de terre est cultivée.
Elle arrivera en Europe 3 500 ans plus tard, avec la découverte des Amériques par les Espagnols.
On élève le lama, le canard et le cochon d'Inde qui, à cette époque, est certainement mangé.

### En Afrique
Dans le Sahara, le premier Néolithique d'Afrique apparaît vers 7000 avant J.-C. dans une région verdoyante, contrairement à aujourd'hui. Ce sont d'abord des éleveurs de bœufs qui continuent à pratiquer la chasse à la gazelle et la collecte de plantes sauvages comme le sorgho – qui sera ensuite cultivé avec le millet.

### En Asie
En Chine, c'est vers 6000 avant J.-C. que les premiers villages se développent et que l'on commence à cultiver le riz et le millet, à élever des porcs et des chiens. Mais la chasse et la cueillette sont encore importantes et l'essentiel de la farine est obtenu à partir du broyage des glands ramassés au pied des chênes.

### Un mode de vie qui se mondialise
Avec le Proche-Orient, ces régions du monde sont autant de foyers différents d'invention du Néolithique. C'est à partir d'eux que de petits groupes de populations vont se déplacer pour fonder de nouveaux villages, pour trouver de nouvelles terres à cultiver ou de nouvelles zones de pacage pour leurs bêtes ; ils vont ainsi diffuser ces nouvelles pratiques, d'abord dans les régions voisines puis de plus en plus loin.

# Premières maisons, premiers hameaux

À leur arrivée dans le nord de la France, les migrants néolithiques commencent par construire des maisons comme celles que leurs ancêtres ont bâties pendant leur long périple à travers l'Europe.

### De longues maisons rectangulaires en terre et en bois
L'ossature de ces maisons est faite de poteaux plantés dans le sol qui servent d'appui à la charpente recouverte de chaume. Entre ces poteaux, pour former les murs de la maison, des tiges de bois souple sont entrelacées. Le tout est recouvert de torchis, c'est-à-dire de terre argileuse mélangée avec de la paille.

### Des fosses bien pratiques !
Le long des murs de la maison, on creuse des fosses où l'on foule aux pieds argile et paille pour fabriquer le torchis. Puis ces grandes fosses servent de poubelles ; c'est peut-être par les fenêtres que l'on jetait les détritus dedans. Bonjour l'odeur ! Mais les Néolithiques avaient sans doute le nez moins sensible que nous.

## Plus grandes que ta maison !
Certaines de ces maisons peuvent atteindre jusqu'à 45 mètres de long, ce qui fait environ la longueur de deux autobus mis bout à bout ! Même si la plupart d'entre elles ne font qu'une vingtaine de mètres de longueur, il faut d'habiles ouvriers pour construire de si longues bâtisses. Elles devaient abriter chacune plusieurs familles, environ une quinzaine de personnes.

## Un intérieur bien agencé
L'entrée de la maison est toujours à l'est, sur un des petits côtés. À l'intérieur, il y a plusieurs pièces séparées par des poteaux, généralement disposés par rangées de trois. La première partie de la maison a parfois un étage où sont entreposées les réserves de blé. La deuxième partie, au centre de la maison, est l'endroit où l'on fait la cuisine, où l'on reçoit, où l'on passe les soirées d'hiver et les après-midi pluvieux. Le fond de la maison est privé, seuls les habitants y entrent : c'est le lieu où l'on dort, où l'on range les habits et les objets personnels.

Au début, ce sont deux, trois ou quatre maisons installées au bord de la rivière. Puis, au fur et à mesure que le temps passe, on agrandit les villages, on en construit de nouveaux, dans les vallées mais aussi sur les plateaux.

# Des villages au bord des lacs

Bien après leur arrivée en France, certains Néolithiques s'installent dans des endroits inhabituels, par exemple au bord des lacs du Jura où ils construisent des maisons sur pilotis.

### Des villageois qui se protègent
Les habitants devaient s'y sentir en sécurité car, côté terre, le village est clôturé par une palissade et, de l'autre côté, l'eau le rend moins accessible. Un étroit chemin de planches, qui mène vers les champs cultivés par les villageois, le relie toutefois à la terre ferme. Généralement, le village comporte quelques maisons dispersées de part et d'autre d'une sorte de rue.

## Des villages les pieds dans l'eau !

Avant de bâtir les maisons, de longs pieux de bois sont enfoncés dans la vase, lorsque l'eau du lac est à son niveau le plus bas, pendant l'été. On construit ensuite entre les pieux de petites plateformes sur lesquelles les maisons sont édifiées. Bien entendu, elles sont beaucoup moins grandes que les longues maisons des plaines mais elles paraissent hautes en raison du plancher surélevé et du toit à double pente qui les surmonte. Et l'espace situé sous la maison est encore plus pratique pour servir de dépotoir puisque les déchets disparaissent dans la gadoue. On peut même faire directement ses besoins dans le lac depuis la plateforme !

## Bienvenue à la maison !

Devant la maison, sous l'auvent, on coupe du bois, on affûte les outils, on découpe la viande. À l'intérieur, chaque maison comporte un foyer installé sur une grosse plaque d'argile pour que le plancher ne prenne pas feu. Sur ce foyer cuisent, durant de longues heures, des bouillies de farines. La fumée stagne sous le plafond de l'unique pièce mais l'atmosphère n'est pas trop étouffante car le toit en écorce la laisse passer. Et puis elle permet aussi de chasser les insectes de la charpente...

L'intérieur est peu décoré. Des paniers, qui contiennent des petites pommes sauvages, des noisettes, des framboises, et des bols en bois pour manger des bouillies et des ragoûts sont accrochés aux murs et aux poutres. L'été, des bouquets de fleurs des champs sèchent...

# Les sites fortifiés

Une fois bien installés, les Néolithiques édifient parfois sur des hauteurs des grands enclos dont les plus petits peuvent atteindre les dimensions d'un terrain de football et les plus grands être jusqu'à dix, voire quinze fois plus vastes !

**Enceintes, mode d'emploi !**
Pour bâtir ces enceintes, on érige une palissade faite de poteaux de bois. Des vases en céramique remplis de morceaux de viande sont souvent déposés comme offrandes sous la palissade pour assurer à l'édifice la protection des divinités. Puis de longues fosses sont creusées à l'extérieur de la palissade, formant un fossé de protection, comme dans les châteaux forts du Moyen Âge ; la terre qui en est extraite est utilisée pour faire un talus placé de part et d'autre de la palissade. L'ensemble a l'aspect d'un rempart de terre et de bois percé d'entrées étroites et peu nombreuses. Celles-ci sont encadrées par des poteaux plus hauts et plus gros et sont surmontées par un portique sur lequel sont souvent fixés des crânes de bœufs avec leurs cornes. Les fosses situées près des entrées servent très souvent de poubelles ; les occupants de l'enceinte viennent y jeter des vases cassés, des restes de repas, des outils brisés, du fumier…

## Mais à quoi servent les enceintes ?

Certaines de ces enceintes ont abrité quelques maisons. Elles peuvent servir aussi de refuges temporaires aux habitants du voisinage, en cas de conflit ou d'insécurité. D'autres permettent de protéger les récoltes dans un lieu fermé, à l'abri du vol. Ces enceintes sont aussi construites pour être vues de loin dans le paysage, et montrer aux étrangers que le territoire alentour est sous contrôle. Leur construction, qui demande beaucoup d'énergie et de travail, rassemble tous les membres de la communauté. Une fois l'ouvrage fini, ceux-ci y organisent parfois de grandes fêtes durant lesquelles on cuit et mange de belles pièces de bœuf.

# Un paysage au Néolithique

À leur arrivée en France, les Néolithiques vont découvrir un paysage de collines, de plateaux et de vallées au milieu desquels serpentent des rivières fraîches et larges, aux abords un peu marécageux, plantés de roseaux.

**De la forêt...**
Dans le nord et le centre de la France, le climat est tempéré ; il fait froid en hiver, chaud en été et la nature renaît au printemps. La forêt recouvre presque tout le territoire. Constituée d'arbres plus que centenaires mais aussi de jeunes pousses, elle est dense, elle est sombre, il est difficile de la pénétrer. Elle abrite des groupes de chasseurs-cueilleurs méfiants, plutôt pacifiques mais soucieux de conserver leur territoire. Juste en bordure des zones marécageuses formées par les rivières, les Néolithiques vont d'abord ouvrir de petites clairières pour y installer une maison, puis deux, puis trois, ainsi qu'un champ pour planter des céréales. Ils choisissent ces emplacements parce qu'ils sont plus accessibles mais aussi pour avoir de l'eau et du poisson à proximité et circuler facilement en pirogue.

## … à une nature transformée par l'homme

Peu à peu, ils transforment le paysage, la forêt recule. Les petites clairières et les villages se multiplient ; visibles de loin grâce à la fumée des foyers, on en repère un tous les 5 ou 6 kilomètres. Ensuite, les villages s'agrandissent, on compte maintenant six à sept maisons, parfois même jusqu'à quinze. Les champs s'accroissent, des chemins sont tracés dans la forêt pour aller chercher du bois, ramasser des champignons, chasser… Puis on commence à s'installer plus haut, sur les versants des vallées et les plateaux. La forêt perd de sa densité ; on entretient les sous-bois et on débroussaille, à proximité des villages, le long des chemins, près des zones de pâturage et des enclos funéraires où l'on enterre les morts.

# Veaux, vaches, cochons

Les Néolithiques apportent avec eux des bœufs et des cochons domestiques.

**Un animal qui donne du fil à retordre : l'aurochs**
L'aurochs, un bovidé sauvage, est présent en France mais il est ignoré par les premiers migrants néolithiques qui lui préfèrent leurs propres bœufs, certainement plus dociles car domestiqués depuis longtemps. L'aurochs fait peur : il est gros, il est nerveux, il est imprévisible et seuls quelques jeunes chasseurs intrépides se mesurent parfois à lui. Ce n'est que bien plus tard au cours du Néolithique que des aurochs seront capturés pour renouveler les troupeaux de bovins.

**Le bœuf, un animal utile des travaux des champs à l'assiette**
Au début du Néolithique, c'est d'abord pour sa viande que le bœuf est très apprécié : tous les morceaux sont consommés, grillés ou en ragoût.
Les troupeaux sont nombreux et les villageois en prennent grand soin. Dans le Bassin parisien, on leur aménage des prés dans la forêt en éliminant les buissons et les épineux qui gêneraient leur pâture. Il est probable que, dès le début du Néolithique, les vaches soient traites et leur lait bu dans la journée ou travaillé immédiatement pour faire du beurre. Parfois, on laisse cailler le lait pour faire du fromage blanc que l'on égoutte dans des faisselles. La force du bœuf est également utilisée pour le portage de charges lourdes, ou encore pour les travaux de champs, dès le milieu du Néolithique.

**Dans le cochon, tout est bon !**
Le cochon, également amené par les migrants néolithiques, est la seconde espèce élevée au nord de la Loire après le bœuf et même la première dans certaines régions de l'est et du nord-est de la France et au-delà du Rhin. Au Néolithique, en Alsace, en Lorraine et en Allemagne, on aime déjà beaucoup le jambon !

# Moutons, chèvres et pasteurs

En France méditerranéenne, en plus des bœufs et des cochons, les premiers animaux domestiques sont les moutons et les chèvres, arrivés également avec les migrants néolithiques.

**Des montagnes sillonnées de pâturages et de chemins**
Laissant leur famille au village, de petits groupes d'hommes jeunes partent aux beaux jours avec les moutons et les chèvres pour de longs séjours en montagne destinés à nourrir les animaux d'herbe tendre et nouvelle. La nuit, hommes et bêtes se rassemblent dans une grotte ou un abri-sous-roche que leurs pères et grands-pères ont aménagés au fil des années. Ils y retrouvent un emplacement pour installer le foyer, des poteaux de bois que l'on recouvre de peaux pour s'abriter et un enclos pour enfermer les animaux. Ces pasteurs restent de quelques jours à quelques semaines au même endroit puis se déplacent parfois vers une autre zone ou redescendent au village. Le jour, les animaux sont surveillés par ces hommes qui n'ont pas de chien et c'est une attention de tous les instants que de protéger et de garder le troupeau rassemblé. D'autant plus qu'il faut trouver de quoi se nourrir : des glands, des baies, mais aussi de la viande que l'on se procure en chassant le sanglier, le chevreuil, l'aurochs…

**Pour la viande, le lait et la laine**
On élève des animaux principalement pour avoir de la viande. Après les naissances qui surviennent au printemps, les bêtes sont abattues en été et en automne dès qu'elles ont atteint leur poids maximum et seuls des femelles et quelques mâles reproducteurs sont gardés en vie pour renouveler le troupeau. Mais les chèvres et les moutons sont aussi domestiqués pour le lait et la laine. On fabrique du fromage, parfois en grande quantité, si bien que certains villages produisent aussi pour échanger des laitages contre des céréales, de la farine, des outils en silex, des poteries, des coquillages…

# La chasse

L'élevage n'a pas fait disparaître la chasse, bien au contraire. Dans le sud de la France, par exemple, des expéditions de chasse au sanglier, au cerf, à l'aurochs, durant lesquelles un groupe d'hommes part en montagne pendant plusieurs jours, sont organisées.

**Chasser pour se nourrir**
Avant d'être ramenés au village, les animaux tués sont préparés lors de haltes dans des grottes : on coupe les pattes, on découpe les bêtes, on les partage, on les dépèce... La chasse représente un complément alimentaire non négligeable. Dans certains villages, c'est même vital car l'élevage des animaux n'est pas suffisamment développé pour subvenir aux besoins de la communauté.

**Chasser pour la fourrure ou les plumes**
La chasse sert aussi à se procurer des matériaux particuliers : on attrape des martres et des blaireaux pour leur fourrure, des oiseaux pour leurs plumes mais aussi pour leurs os très fins qui servent à fabriquer des flûtes.

## Chasser pour montrer qu'on est fort et puissant

On chasse peut-être surtout par jeu, par défi, pour exhiber sa force et son habileté, pour affirmer son autorité, pour montrer que son village dispose d'hommes forts qui doivent être craints et respectés. Les jeunes garçons s'entraînent depuis leur plus jeune âge au tir à l'arc avec des arcs et des flèches miniatures, fabriqués exprès pour eux ; les adolescents suivent les hommes à la chasse et apprennent ainsi les techniques de l'affût, de la traque et du piégeage.

Les hommes qui ont tué un aurochs, un cerf ou un sanglier bénéficient d'un grand prestige. Car ces animaux sont impressionnants par leur force, leur taille et leurs attributs : belles cornes, grands bois et longues défenses ornent souvent leur crâne. Ils symbolisent la vie sauvage, le mystère de la forêt, le surnaturel, autant d'attraits qui s'opposent à la routine et aux travaux domestiques et agricoles du quotidien. Ramener au village l'immense ramure d'un vieux cerf ou arborer un bracelet en défenses de sanglier en impose ! Certains chasseurs portent même au cou des dents de cerf, d'ours ou de loup. Et leur prestige rejaillit sur leurs fils, sur leur famille et sur tout le village.

# La pêche

La pêche est une ressource importante pour se nourrir. Installés le long des rivières, les habitants des premiers villages pêchent le brochet et la brème.

**En rivière**
Au printemps et en été, on vient déposer en travers de la rivière des filets aux mailles suffisamment larges pour n'attraper que des poissons adultes, d'au moins 30 centimètres de longueur. Au printemps, on pêche surtout des brochets, au moment où ils viennent frayer en eaux peu profondes. La brème est attrapée en été, quand les bancs viennent pondre le long des berges. On utilise aussi des nasses, sorte de panier de pêche, par exemple pour la pêche à l'anguille. Les poissons sont découpés en filets puis fumés au feu de bois pour être conservés et consommés plus tard.

## Dans les lacs

Détail amusant : les habitants des villages installés sur les rives des lacs du Jura évitent soigneusement d'y pêcher les poissons, pourtant abondants ; sans doute n'aiment-ils pas leur goût de vase ! Ils ne mangent que très rarement du poisson qu'ils pêchent toujours en eau vive, dans la rivière la plus proche. C'est la truite qu'ils préfèrent ; ils l'attrapent à la main ou à l'aide de filets, la découpent et la font sécher au soleil.

## Dans la mer et l'océan

Les Néolithiques qui vivent au bord de la mer, sur la côte atlantique ou méditerranéenne, consomment des fruits de mer et des poissons. Ils ramassent de très nombreux coquillages : des patelles, des huîtres, des moules et des coques. Des bars, des mulets, des dorades sont pêchés à l'aide de pièges en fer à cheval disposés à marée basse ; après la marée haute, lorsque la mer redescend, les poissons piégés ne peuvent plus s'en échapper et on vient alors les attraper facilement. En Bretagne, à la fin du Néolithique, certains chassent même le phoque lorsque des colonies entières viennent se reposer au printemps sur les plages des îles du golfe du Morbihan.

# Blé, orge, pois et lentilles

La culture des céréales (blé, orge) et des légumineuses (pois, lentilles) est introduite par les migrants néolithiques qui ont amené avec eux plein de graines. Près des villages, ils aménagent des champs en faisant reculer la forêt.

**Transformer la forêt en champ**
Tous les villageois commencent par abattre les arbres à la hache, puis on brûle les herbes et on arrache les souches les plus petites ; mais les plus grosses sont laissées en place car il est difficile de les enlever. Entre ces souches, les femmes viennent creuser avec des bâtons des petits sillons ou des petits trous où les graines sont semées. On plante surtout du blé et de l'orge.

**Des agriculteurs bien organisés et outillés**

Dans les plaines fertiles du nord de la France, les champs peuvent mesurer près de 2 000 mètres carrés, soit un peu plus que la surface d'un gymnase actuel. Au cours de l'été, les épis arrivés à maturité sont récoltés à l'aide de **faucilles**\*. Avec une main, on attrape plusieurs tiges de blé que l'on coupe à la base. Les épis sont ensuite stockés dans les greniers des maisons et la paille laissée dans le champ est brûlée. Il faut souvent changer de champ car on est vite gêné par les souches d'arbres sur lesquelles la végétation repart.

**Pour se nourrir et même se soigner**

Le blé est la principale plante cultivée, surtout dans le nord et le centre de la France. Au sud, les cultures sont plus diversifiées : des pois et des fèves, mais aussi du lin pour faire des tissus. Le pavot, que l'on cultive du nord au sud, a sans doute été exploité pour son huile mais on l'utilise aussi comme somnifère et pour lutter contre la douleur, par exemple en cas de blessures de chasse ou lors d'opérations chirurgicales.

**Kézako ?**
Une faucille est un outil en bois de forme arquée, à l'intérieur duquel de petites lames de silex sont fichées dans une fente.

# Des outils pour les champs, la forêt et le village

Pour défricher la forêt et pour arracher les mauvaises herbes et les broussailles, on utilise des instruments en bois et en silex. Haches et herminettes sont les outils principaux. Ils servent aussi à plein d'autres choses.

**Haches et herminettes**
La hache, assez lourde, sert principalement à abattre des arbres pour créer une clairière où l'on cultivera. C'est un outil utilisé tout au long du Néolithique car le besoin en terre à cultiver devient de plus en plus pressant. L'herminette, plus légère, permet l'enlèvement des broussailles et des buissons pour obtenir une terre la plus nue possible avant de semer.

**Une fabrication minutieuse**
Pour fabriquer ces outils, il faut se procurer du bois pour le manche et de la pierre pour la partie tranchante. Il s'agit le plus souvent de silex ou bien de dolérite, une roche encore plus solide. Les pierres sont taillées puis polies afin que l'outil entaille le tronc des arbres plus efficacement. Sur les haches, la pièce en pierre polie est emmanchée parallèlement à l'axe du manche alors que sur les herminettes, elle est disposée perpendiculairement.

Les manches sont fabriqués en frêne ou en érable, des arbres au bois compact mais souple. Pour faire une herminette, une branche formant un coude peut être choisie. Ces manches coudés permettent d'obtenir des outils très maniables et très précis, utiles pour l'entretien des clairières. Ces herminettes servent aussi à fabriquer les bols, les cuillères et les tasses en bois, ustensiles abondamment utilisés pour la cuisine. À la fin du Néolithique, on s'en sert également pour des travaux de menuiserie tels que la fabrication des roues et des chariots dont l'utilisation se répand à ce moment-là.

## Des outils que l'on répare et perfectionne

Comme les manches de haches se fendent souvent, il faut réparer ou changer l'outil, ce qui ralentit et complique les travaux. Car les manches sont rares, très longs à fabriquer et il faut attendre de longues semaines que le bois soit bien sec avant de pouvoir l'utiliser... Alors, pour éviter de les abîmer, on innove en insérant une pièce destinée à amortir les chocs entre la lame en silex et le manche en bois. Cette pièce, appelée gaine de hache par les archéologues, est taillée dans du bois de cerf.

# Conserver la nourriture et l'eau

Pour avoir de quoi manger et boire tout au long de l'année, il faut savoir conserver les céréales, la viande et l'eau.

**Stocker les céréales**
Le blé récolté est conservé dans le grenier des maisons. On y installe de grands récipients d'écorce cousue dans lesquels sont entassés les épis. Une petite portion de la récolte est réservée au semis de l'année suivante et le reste sert à la consommation courante. Les greniers sont en hauteur afin de les protéger des rongeurs susceptibles de gâter la récolte. On creuse aussi dans le sol, à l'extérieur des maisons, des fosses dans lesquelles on fait un feu pour assainir les parois et les consolider. Un bouchon en pierre ou en céramique ferme l'ouverture que l'on a pris soin de faire la plus étroite possible. Dans les maisons, de grands vases en céramique semi-enterrés renferment la farine pour une utilisation immédiate. Ils peuvent contenir jusqu'à 10 litres, soit la consommation d'une semaine environ.

**De la viande et du poisson même sans frigo !**
En été et en automne, on fait de bons repas car c'est le moment où l'on abat le plus de bêtes. Mais en hiver, la viande fraîche est rare. On puise alors dans les réserves de viandes séchées et de poissons fumés que l'on a constituées pendant l'été en laissant au soleil de fines lanières de chair.

**De l'eau pour les quatre saisons !**
Dans certaines régions où il fait chaud, conserver l'eau est capital.
Si les rivières sont nombreuses au nord de la Loire, dans les pays arides de Méditerranée, en Provence par exemple, les ruisseaux sont rares et souvent à sec en été. Il faut donc garder l'eau de pluie tombée en hiver. Pour cela, on choisit des grottes fraîches et humides, qui renferment de grandes vasques naturelles ou dans lesquelles on dispose des vases en céramique. En hiver, la pluie y entre par différents interstices et une réserve d'eau à boire est ainsi constituée pour les mois d'été. Dans les maisons, l'eau est stockée comme la farine, dans de grands vases en céramique.

# Du pain, des bouillies, des grillades...

Au Néolithique, on mange beaucoup de pain mais aussi des bouillies, des salades, des fruits, du fromage...

**Au menu de chaque jour, du pain !**
Le pain est plat et rond comme une galette. Il croque un peu sous la dent car les grains de blé ont été écrasés sur des meules de grès qui ont laissé un peu de sable dans la farine. Mais il est toujours frais puisqu'on le cuit tous les jours. Il a parfois un petit goût amer : quand on manque de blé, on y ajoute un peu de farine de gland. C'est quand même délicieux quand on le mange trempé dans de la bouillie, tartiné de fromage blanc ou de beurre ou encore de moelle de bœuf qu'on a pochée dans l'eau bouillante.

**Grillée ou à point ?**
La viande, qu'elle soit de veau, de cochon, de sanglier, de cerf... on l'adore en grillade. On peut la cuisiner aussi en ragoût. Dans ce cas, on enlève les os avant de cuire les morceaux de viande dans des pots en céramique préalablement graissés. Pour les grandes occasions, on cuit de grosses pièces de viande à l'étouffée dans de grands fours creusés dans le sol où l'on fait chauffer des pierres. On recouvre le tout de végétaux et de terre pour en sortir quelques heures plus tard une viande bien cuite mais qui est restée moelleuse, contrairement à la viande grillée.

**Une cuillère de purée à la cendre pour maman…**
Les purées de pois sont très appréciées lorsqu'on y ajoute du sel. Quand on ne vit pas près de la mer ou à côté de sources d'eau salée, le sel est remplacé par de la cendre de bois. Et oui, au Néolithique, c'est souvent le seul moyen de saler sa nourriture ! On mange aussi beaucoup de salades de feuilles d'ail des ours, une plante qui ressemble au muguet, et que l'on récolte autour des villages à la fin de l'hiver.

**Chic, déjà des desserts !**
Pour le dessert, un peu de compote de baies rouges de la viorne obier, un fruit très amer que les Néolithiques adorent, mélangé avec du miel. En été et en automne, tout le monde se régale d'énormes ventrées de framboises, de mûres… ce qui change des petites pommes acides et des prunes que l'on ramasse et que l'on fait sécher avant de les manger.

# L'apparition du pot en céramique

La technique de la terre cuite est connue bien avant le Néolithique pour faire des statuettes. Mais c'est à cette période que ce procédé se généralise pour fabriquer des récipients.

### Des potières expertes

Ce sont les femmes qui fabriquent la poterie. Elles vont chercher de l'argile sur les berges des rivières ou sur les versants des vallées. Il faut ensuite la préparer car elle est parfois trop élastique, ou au contraire trop dure. On la filtre et, pour changer sa texture, on peut y ajouter de l'eau, du sable, parfois même de la paille ou des poils de chèvre. Le tour de potier n'existe pas encore et les potières commencent par modeler avec les mains de petits boudins d'argile qu'elles vont enrouler et superposer les uns sur les autres. Elles fabriquent d'abord le haut du vase, ensuite son fond, puis assemblent les deux parties. Les boudins sont ensuite aplatis et les parois du vase lissées. Après séchage, les vases sont mis à cuire dans une fosse, en intercalant les poteries et du bois de chauffe que l'on allume avant de recouvrir le tout de branchage et de terre. Avec un tel dispositif, les températures peuvent être très élevées, jusqu'à 700 °C, soit plus de trois fois ce qui est nécessaire pour cuire une tarte aux pommes !

## Des poteries pour toutes sortes d'usages

En France, contrairement aux régions de Méditerranée orientale, presque tous les récipients ont un fond rond et ce n'est qu'à la fin du Néolithique que l'on commence à fabriquer des vases à fond aplati. Certains portent sur les côtés des petites excroissances dans lesquelles on passe des cordelettes pour les suspendre dans la maison : on y conserve ainsi des ingrédients pour la cuisine. Les plus gros sont à moitié enterrés dans le sol, on ne les déplace pas car ils sont utilisés uniquement pour le stockage de l'eau, de la farine, des glands…

D'autres récipients ou ustensiles en céramique servent à la cuisine : vases à cuire, cuillères et bols, jattes et bouteilles. Certains sont perforés, ce sont des faisselles dans lesquelles le lait caillé égoutte pour fabriquer du fromage blanc. On connaît aussi de drôles de vases en forme de biberons ainsi que des disques en terre cuite qui sont façonnés en aplatissant une boulette d'argile sur une vannerie. On les appelle plats-à-pain car il est possible que les galettes de pain y soient modelées avant leur cuisson.

# Des poteries décorées

Chaque région, chaque village a sa manière de décorer les vases. Les potières suivent la tradition du village où elles sont nées mais chacune y met également sa touche personnelle.

### De jolis rubans au Nord
Il n'est pas question pour autant de faire preuve de trop d'originalité. Au nord de la Loire, les premiers Néolithiques préfèrent des vases à décor en forme de ruban, comme leurs ancêtres en ont toujours fait. Ces pots sont si reconnaissables que les archéologues ont appelé cette culture le Rubané ! À l'aide d'un poinçon en os ou en bois ou d'un petit peigne, les potières tracent sur le pot des doubles lignes ondulées ou en spirale.

### De belles bandes dentelées au Sud
Au sud de la Loire, on préfère décorer les vases à l'aide de cardium, un coquillage à bord dentelé qui a donné son nom à la culture cardiale. Les pots sont ainsi recouverts de bandes horizontales et verticales, de guirlandes emboîtées, de chevrons... Les restes de pâte sont récupérés pour faire des décors en relief en forme de cordons et pastilles que l'on colle sur les vases.

**Et que cela brille !**

Puis, petit à petit, certaines potières délaissent la décoration des pots pour se concentrer sur la qualité des argiles, la régularité des formes, la finesse des pâtes, la précision de la cuisson. Elles préfèrent passer du temps à soigner la surface des récipients, en la polissant avec un galet puis en la lustrant avec de la fourrure pour la rendre presque brillante. Elles font de jolis vases en forme de tulipe ou des coupes.

# La famille

Dans les premiers villages du nord de la France, les longues maisons abritent une quinzaine de personnes. Ce sont des maisons collectives où trois familles au moins peuvent vivre.

**Une vie en communauté**
Au tout début du Néolithique, ces grandes maisonnées sont un atout car, au moment de la fondation du village, si l'environnement n'est pas forcément hostile, il est mal connu par ces nouveaux venus. Il vaut mieux rester ensemble, mettre en commun les biens et les richesses pour bénéficier de la protection du groupe. Alors, on vit réunis dans la maison commune, en famille élargie aux cousins et cousines, aux oncles et tantes. Quand la récolte est maigre ou lorsque la cueillette n'a rien donné, partager les réserves est une bonne habitude.

### Être un enfant au Néolithique

Mais, même en communauté, le couple est l'unité de base de la famille et les parents élèvent leurs propres enfants. Il y a de nombreux enfants dans ces villages : les femmes peuvent en avoir jusqu'à douze ! Malheureusement, beaucoup meurent avant l'âge de 10 ans. Les petits sont surveillés par les grands-parents, les tantes et les oncles durant la journée, quand la mère est occupée aux champs. Plus grands, ils commencent à garder les troupeaux de bêtes puis les garçons accompagnent les hommes à la chasse et les filles apprennent la poterie et la cuisine auprès de leur mère.

### Partir pour se marier

Pour se marier, beaucoup de filles et de garçons doivent quitter leur village où les habitants ont presque tous un lien de parenté. Se marier à l'extérieur est aussi le moyen d'obtenir de la famille du marié quelques bêtes ou des denrées rares. Les filles partent avec des pots en céramique, des recettes de cuisine, quelques parures en coquillages et parfois des étoffes de lin qu'elles offriront à leurs beaux-parents.

### Nouveaux modes de vie, nouvelles maladies

En devenant agriculteurs, éleveurs et artisans, de nouvelles maladies se sont développées. La consommation de lait, de pain et de céréales provoque souvent des caries qui étaient beaucoup moins fréquentes du temps des chasseurs-cueilleurs. De plus, la vie auprès des animaux domestiques favorise la diffusion de maladies infectieuses comme la tuberculose, la grippe, le tétanos… Enfin, les travaux des champs, la mouture des céréales, le tissage à genoux et toutes les tâches aux gestes répétitifs entraînent le développement de maladies osseuses comme l'arthrose.

# Femmes de terre, femmes de chair

Au Néolithique, on honore la mère originelle, la fécondité et l'opulence, valeurs que l'on symbolise par des statuettes féminines en terre cuite. Mais dans la vie de tous les jours, les femmes ne sont pas pour autant privilégiées.

### Le culte rendu à la femme…
Ces statuettes représentent des femmes nues aux formes imposantes mais avec des bras, des jambes et une tête souvent très petits pour mieux mettre en valeur le ventre, siège de la maternité. Car c'est la fertilité que l'on célèbre, symbolisée par une femme féconde pourvue de grosses fesses, de fortes cuisses et de hanches très larges. Chaque maison doit en posséder au moins une et chaque famille a la sienne. Les femmes fabriquent les pots en céramique mais le façonnage de ces figurines pour le culte est l'affaire des hommes : il ne faudrait tout de même pas qu'elles y mettent trop de fantaisie et de nouveauté comme elles le font avec le décor des vases ! Comme ils ont moins l'habitude de travailler l'argile, ces figurines sont parfois mal cuites et très fragiles mais tant pis, les hommes doivent rester maîtres de la religion et de ses représentations !

## … et la vie de tous les jours !

Ce n'est pas parce que l'on entretient un culte incarné par une figurine féminine que les femmes ont pour autant une place avantageuse dans la vie quotidienne ! Au contraire, toute la journée elles travaillent dur. Elles s'occupent des enfants, font la cuisine, traient les bêtes ; elles meulent le grain, à genoux devant des meules en pierre pour faire de la farine ; elles partent dans la forêt chercher le bois de chauffe, elles en profitent pour cueillir des baies, des fruits, des herbes et ramasser des glands. Elles surveillent les cultures, sèment le blé, font la moisson, engrangent la récolte ; elles tissent quand elles ont un moment de libre… Et elles fabriquent les pots qui vont servir à la cuisine, à stocker l'eau et la farine.

# Le taureau et l'aurochs

Le taureau domestiqué, ou encore l'aurochs, son cousin sauvage, est un animal mythique dans la pensée néolithique car il symbolise l'élément masculin et la force physique.

### Un animal à la fois familier et mythique
Le bovin, sauvage ou domestique, est un animal familier. Les enfants s'occupent des bœufs dès leur plus jeune âge : ils les mènent paître dans la journée et les ramènent le soir dans leur abri. Les adolescents se mesurent aux jeunes taureaux pour évaluer leurs forces. Plus tard, ils devront chasser un aurochs pour prouver leur courage. Car maîtriser un taureau, tuer un aurochs est un rite obligé pour tout homme qui se respecte : il rend ainsi hommage à ses ancêtres qui ont maîtrisé le monde sauvage par la domestication et l'agriculture. Mais seuls quelques-uns arriveront à tuer un aurochs et prétendront alors au statut des grands hommes formant l'élite de la communauté.

**Des cornes sur les murs et les vases !**
On représente le bovin partout : des taureaux ou de grandes cornes sont peints sur les murs des maisons ; certains pots en céramique sont décorés de cordons de terre cuite disposés comme des cornes de bœufs ; il existe même des vases en forme de taureau !

Cet engouement dure tout au long du Néolithique : des cornes de bovin sont hérissées au sommet des remparts des enceintes dont les portes sont surmontées de crânes de bœufs. Jusqu'à la fin du Néolithique, on continue à graver des bovins sur les pierres des menhirs et des dolmens.

# Des haches comme attribut du savoir

Parfois les archéologues découvrent des haches polies qui ne paraissent pas avoir été fabriquées pour défricher la forêt ou travailler le bois. À quoi servent ces objets particulièrement beaux ?

**Des haches magnifiques qui viennent de loin**
Certaines haches polies en roche rare ont une fonction symbolique. Parce qu'elles sont parfois toutes petites, certaines ne peuvent servir au travail du bois et encore moins à l'abattage des arbres. D'autres sont très minces, très fines, très fragiles et tellement polies qu'elles sont brillantes au point que l'on peut presque se voir dedans. La roche dans laquelle elles sont fabriquées, la jadéite, est d'une jolie couleur vert pâle. Ces haches polies viennent de loin car cette roche ne se trouve que dans les Alpes, où elles ont été produites puis diffusées jusqu'aux Pays-Bas et en Écosse.

**Des haches qui distinguent de grands hommes**
Ceux qui possèdent une telle hache sont peu nombreux et il s'agit des personnages importants : des chefs ou des hommes âgés pleins d'expérience et de sagesse, garants des traditions, et qui, dans leur jeunesse, ont chassé l'aurochs. Ils sont les seuls à pouvoir toucher ces objets, à pouvoir les montrer. Ces haches polies en matériau rare sont tout un symbole : outils liés au défrichement et à la conquête d'espaces à cultiver, elles symbolisent le savoir et l'intelligence nécessaires pour domestiquer la nature. La possession d'une telle hache prouve au commun des mortels que les dieux ont distingué ces hommes de savoir parmi tous les autres !

# Des vêtements en peau, cuir et tissu

Les vêtements de tous les jours sont faits de cuir et de peaux cousus ensemble avec des tendons d'animaux ou des fils en fibre végétale. Les hommes comme les femmes et les enfants portent un pagne maintenu par une grande ceinture en peau de chèvre enroulée autour de la taille.

**Des vêtements pour toutes les saisons**
L'hiver, tout le monde met de grandes chaussettes en peau, appelées jambières, qui montent jusqu'en haut des cuisses et qui sont reliées à la ceinture par des tendons d'animaux. Ces jambières sont attachées à des chaussures en cuir fourrées d'herbes pour tenir plus chaud. Des capes en matière végétale tressée, des manteaux et des bonnets en fourrure permettent de se protéger contre la pluie et le froid. L'été, on porte parfois des chapeaux de paille.

**Le début du tissage**
La fabrication des tissus commence au Néolithique. C'est le lin ou l'écorce de certains arbres comme le tilleul qui sont utilisés. D'abord, on met à pourrir les tiges de lin ou les fragments d'écorce dehors dans des fosses ouvertes à la pluie et au soleil, puis on les écrase et on les racle pour en retirer les fibres qui seront ensuite séchées, peignées puis filées. On file en allongeant les fibres et en entortillant les fils ainsi obtenus autour d'un fuseau. Au final, on a une bobine de fil prête pour le tissage.

Le métier à tisser occupe un coin de la pièce commune de la maison, il est utilisé de temps en temps par les femmes. Car tisser est une activité à temps perdu, que l'on pratique lorsqu'il pleut par exemple, quand on ne peut pas sortir. Si bien qu'il est très long d'avoir un bout de tissu et il ne faut pas espérer une chemise de lin pour l'été ! En fait, ces tissus servent surtout à faire des ceintures, des rubans, des coiffes que l'on met pour les grandes occasions, les fêtes, les deuils et les mariages. Ils servent également à envelopper les objets du culte. On garde aussi précieusement quelques étoffes pour les échanger contre des objets fabriqués par les habitants des villages voisins ou encore pour constituer une dot pour la fille à marier.

# Se faire beau avec de la pierre, des coquillages et de l'os !

Au Néolithique, hommes et femmes se parent de bijoux en pierre, en os, en émail dentaire ou en coquillage.

### Quel beau spondyle, madame !

Les femmes des premiers migrants aiment tout particulièrement attacher leurs cheveux avec de gros coquillages fendus appelés **spondyles**\*. On en fait aussi de grosses perles en forme de tube ou des bracelets.

Divers coquillages plus courants sont montés en collier. Des fossiles de **dentales**\* sont ramassés sur les berges des rivières pour faire des parures que portent presque tous les hommes et les femmes, mais aussi les enfants. On fabrique également des plastrons et des bonnets faits de petites perles en coquillages perforés venant de l'océan Atlantique ou encore en rondelles taillées dans des colombelles, un coquillage de Méditerranée.

### Kézako ?

Le spondyle est un gros coquillage à deux valves dont l'une porte des épines. Il vit fixé aux rochers des mers chaudes, comme la mer Noire ou la mer Méditerranée. Il est parfois d'une belle couleur rouge qui a dû attirer les hommes néolithiques. Le dentale est un mollusque marin dont la coquille est fine et allongée comme une dent. Il y en avait dans le Bassin parisien lorsque celui-ci était recouvert par la mer, il y a plusieurs dizaines de millions d'années.

**De lourds bijoux pour les fêtes !**
La pierre est très prisée. Avec du calcaire blanc, de la pierre verte, noire, grise ou ocre, on fabrique de petites perles que l'on monte en collier. De très beaux bracelets en pierre ornent parfois les bras des hommes et des femmes pour les grandes occasions car ils ne sont pas très pratiques à porter. De plus, ils sont précieux car fabriqués dans des roches rares que l'on trouve surtout en Normandie, en Bretagne ou dans les Ardennes, et que l'on échange contre des lames en silex ou des tissus.

**Ravissante, cette dent de loup !**
Un peu plus tard au cours du Néolithique, des coquilles de moules d'eau douce dont on aime particulièrement les reflets nacrés sont cousues sur les vêtements. Les hommes portent des parures façonnées dans des os ou des dents d'animaux sauvages. Ils arborent parfois sur la poitrine un plastron formé de défenses de sanglier. Ils aiment aussi porter des colliers de dents de cerf perforées, alternant avec des dents de loup ou d'ours. À leur biceps, ou au bout d'une lance, est aussi parfois attaché un objet en os sculpté qui ressemble à notre tour Eiffel et dont ils sont particulièrement fiers : fabriquée dans une omoplate de bovin, cette spatule leur a été offerte après qu'ils ont tué un cerf, un aurochs ou encore un sanglier.

# Du silex en quantité industrielle !

Au cours du Néolithique, les besoins en pierre pour faire des haches sont de plus en plus importants. Celles-ci sont indispensables pour défricher toujours plus d'espaces à cultiver car le nombre de bouches à nourrir augmente.

Les haches les plus efficaces sont en roches très dures et viennent de loin. Mais elles ne sont pas assez nombreuses pour couvrir tous les besoins et il faut souvent se contenter de haches en silex, plus fragiles. Même dans les régions où le silex abonde, celui ramassé dans le lit des rivières ne suffit plus. On cherche alors à obtenir un maximum de morceaux de silex de bonne dimension en creusant des puits de mine dans la craie pour atteindre les filons.

**De véritables expéditions**
Au printemps, un groupe d'hommes costauds, accompagnés de quelques enfants et adolescents, se rends à la minière pour faire une provision de haches en silex prêtes à polir. Ils partent pour une vingtaine de jours, avec de quoi manger, des pics en bois de cerf pour creuser la craie et des **percuteurs**\* pour tailler le silex. Installée sur les flancs d'une vallée, la minière est immense, il faut faire attention de ne pas tomber dans un puits.

## Une mission périlleuse

On commence d'abord par vérifier si, dans les trous déjà creusés, il n'est pas possible de récupérer encore quelques bons rognons de silex en grattant les parois. Puis on entame le creusement d'un nouveau puits, le plus près possible d'un ancien qui donne la profondeur à creuser pour atteindre le silex, parfois jusqu'à 10 ou 12 mètres. Tous les rognons de silex de bonnes dimensions et de forme régulière sont remontés à la surface et taillés en forme d'ébauche de haches. Les autres sont abandonnés au bord du puits ou donnés aux enfants et aux adolescents pour qu'ils s'entraînent à la taille des haches.

On repart au village avec sa moisson d'ébauches de haches. Durant tout l'été, quelques-uns iront au polissoir, un gros bloc de grès sur lequel on passe inlassablement les ébauches pour les polir. C'est un travail très long et très fatigant.

### Kézako ?
Pour tailler le silex, on utilise des instruments appelés percuteurs avec lesquels on détache des éclats de silex. Pour fabriquer des haches, on commence par faire une préforme en enlevant des éclats avec un gros percuteur de pierre. Puis, au fur et à mesure que le travail avance, les éclats à enlever sont de plus en plus minces et il faut pour cela un percuteur plus léger et plus précis, comme un morceau de bois de cerf.

# Des maîtres tailleurs de pierre experts

Vers la fin du Néolithique, le silex du Grand Pressigny, qui n'existe qu'en Touraine, remporte un grand succès. C'est une pierre d'une jolie couleur brun miel qui brille au soleil car elle contient plein de petites paillettes de mica, une roche scintillante.

**Des couteaux que toute l'Europe s'arrache !**
On trouve ce silex sous forme de dalles dont on tire de grands éclats très minces et très allongés, qu'on appelle des lames. Elles sont diffusées dans presque toute l'Europe. Chaque village, chaque famille veut sa lame en silex du Grand Pressigny ! Ces lames sont retouchées en enlevant sur leurs bords de tout petits éclats pour leur donner une forme de feuille puis on les emmanche en en entortillant une partie avec de la fibre végétale pour ne pas se couper les doigts. Cela fait de très beaux couteaux que l'on se procure de village à village, par des dons entre chefs, amis, cousins... Ils sont tellement prisés que, même cassés, même très usés, on s'obstine à les ré-emmancher encore et encore. Pourtant, ils servent à des activités assez ordinaires comme la coupe des céréales.

**Des artisans au sommet de leur art**
En Touraine, quelques maîtres tailleurs excellent dans la taille de ces grandes lames. Ils bénéficient d'un statut particulier et sont très respectés.
De jeunes apprentis leur rapportent de la forêt ces grandes dalles de silex qu'ils regardent tailler par le maître. Il y a beaucoup de gâchis de matière première car on cherche à obtenir des lames les plus longues possible et, dès que la dalle devient trop petite, on la laisse de côté. Certains apprentis ont parfois le privilège de récupérer ces morceaux entamés avec lesquels ils s'entraînent. La technique de taille est très compliquée et nécessite des années de travail. Les meilleurs maîtres parviennent à tailler des lames de plus de 30 centimètres de longueur ; les apprentis sont contents quand ils atteignent les 20 centimètres et les tailleurs ordinaires arrivent péniblement à 15 centimètres.

# Échanger dans les villages

Dans les premiers villages, chaque maison abrite une spécialité : fabrication de perles en pierre, taille du silex, chasse au cerf ou au sanglier...

### Échange silex contre bifteck !

Dans un village, un groupe d'hommes se procure régulièrement du silex de couleur chocolat. Ils vont le chercher dans la nature ou en faisant du troc avec des colporteurs qui se déplacent de village en village. C'est un silex très recherché, qui se taille facilement. Ils en font des lames de faucille ou des pointes de flèche qu'ils distribuent à tous ceux du village qui en ont besoin. Ceux-ci rendront la politesse plus tard, par exemple en fabriquant un collier de perles en calcaire ou encore en offrant un quartier de viande de sanglier.

**Des échanges au-delà du village**
Au cours du temps, dans ce village, la production d'outils en silex va prendre une telle importance que tous les villages alentour viendront s'y approvisionner en lames de faucille et en pointes de flèche. Un lot de lames pourra alors être troqué contre un beau bracelet de schiste qu'un homme d'un autre village s'est procuré il y a trois saisons auprès d'amis vivant près de la mer.

Cette bonne habitude d'échanges, de réciprocité et de convivialité se poursuit tout au long du Néolithique. De village à village, on continuera à échanger du bétail, des fromages, des outils, des tissus, des coquillages et… des femmes. C'est l'occasion d'organiser de grandes fêtes et de faire de bons repas.

# Échanger des nouvelles et des marchandises aux quatre coins de l'Europe

Quand on arrive en pays mal connu, comme les premiers Néolithiques venus de l'est de l'Europe, il est important de garder la mémoire de l'endroit d'où l'on vient, d'entretenir les contacts avec les gens qui sont restés au pays.

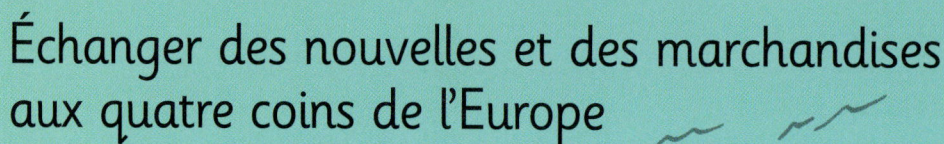

**Des hommes et des femmes aux souvenirs lointains**
Régulièrement, des groupes d'hommes et de femmes retournent au village de leurs aïeux et en ramènent des souvenirs. C'est le cas par exemple des spondyles, pêchés dans la mer Noire ou dans la mer Égée, et que l'on transforme en bijoux. Ces coquillages rappellent à tous que le mode de vie néolithique est né au Proche-Orient, qu'il est arrivé jusqu'à l'océan Atlantique grâce à la longue migration des ancêtres qui ont remonté le Danube depuis la mer Noire. Sans aller jusqu'à l'embouchure du Danube, on peut se procurer ces précieuses coquilles dans des villages pas trop éloignés qui eux-mêmes les ont acquis de villageois vivant plus à l'est.

## Colporter des nouvelles et des marchandises !

Pour garder le contact, on compte sur l'arrivée de colporteurs itinérants qui donneront des nouvelles de parents installés au loin. Ainsi, les Néolithiques méditerranéens attendent, parfois avec impatience les tailleurs de silex du mont Ventoux, dans les Alpes, qui fabriquent des lames dans un silex beige rosé d'excellente qualité. Régulièrement, ces artisans colporteurs vont de village en village tailler des lames à la demande, tout en bavardant des derniers événements.

On est également friand d'obsidienne, une roche volcanique très brillante, d'un noir intense et qui ressemble à du verre. En Grèce, en Afrique du Nord, en Italie, en Corse, en France méditerranéenne, tous les villages veulent s'en procurer mais cette roche est très rare ; elle vient principalement des îles Lipari, situées au nord de la Sicile, et de Sardaigne ; des pêcheurs y accostent de temps en temps et en ramènent quelques blocs ou quelques lames dont ils offrent certains exemplaires à leurs proches.

# Naviguer

Pour coloniser de nouveaux territoires, pour rendre visite aux voisins ou encore pour s'approvisionner en matériaux rares, les Néolithiques naviguent en mer et sur les rivières. Ils construisent des pirogues creusées dans des troncs d'arbres, comme cela se faisait déjà au Mésolithique.

**Pirogue, mode d'emploi**
Il faut d'abord choisir un arbre de bonne taille, haut d'au moins 8 mètres et d'environ 1 mètre de diamètre ; au début du Néolithique, on préfère le tilleul car il s'agit d'un bois tendre, mais ensuite on choisira le chêne, plus dur et plus solide. Une fois abattu et l'écorce retirée, on évide l'intérieur de l'arbre en faisant brûler la surface sur environ 1 centimètre d'épaisseur. Les charbons ainsi formés sont ensuite arrachés avec une herminette ou une hache. Puis on recommence ces opérations d'évidement jusqu'à obtenir une pirogue aux parois minces et au fond peu épais car il faut qu'elle soit la plus légère possible pour être transportée facilement et pour mieux flotter.

## Sur les rivières

Ces bateaux légers permettent de se déplacer aisément sur les rivières et d'aller ainsi d'un village à l'autre en quelques heures. Ils peuvent transporter du silex, mais aussi des animaux tués à la chasse ou du bétail. Au début du Néolithique, c'est ainsi que l'on a fait venir bœufs, cochons, moutons et chèvres domestiques.

## Sur les mers

Les pêcheurs connaissent bien les courants marins, les vents et les récifs dangereux. En Méditerranée, ils bravent la mer jusqu'aux îles Lipari et à la Sardaigne pour aller chercher l'obsidienne.

# Les funérailles du grand homme

Bien après l'arrivée des premiers migrants, les Néolithiques construisent de vastes monuments pour certains de leurs morts parmi les plus respectés, que les archéologues appellent de grands hommes.

**Des grands monuments funéraires pour des hommes exceptionnels**
Quand on enterre un homme important, tout le village est présent. Âgé de 45 ans, presque un vieillard, celui-ci fut un homme fort et courageux, un chasseur respecté de tous. On a creusé pour lui une grande fosse dont les parois sont recouvertes de bois et d'argile pour éviter qu'elles ne s'effondrent. Son corps est déposé dans la fosse sur le dos, avec son arc, son carquois de flèches ; on pose aussi à ses côtés la spatule en os de bœuf qu'on lui a offerte après qu'il a tué dans sa jeunesse son premier aurochs. On retournera régulièrement sur la tombe en laissant à chaque fois sur le couvercle de la fosse quelques vases en céramique remplis de farine, de fruits, de colorants... pour sa vie éternelle.

## De grands hommes sous des tumulus

Ces personnages importants sont enterrés dans de grands enclos construits pour eux, formés d'une palissade de bois plantés en arc de cercle se terminant par un couloir long de 30 à 40 mètres en moyenne, parfois jusqu'à 300 mètres ! Les sépultures sont installées tout au fond, dans des chambres funéraires en bois recouvertes d'un tertre de terre appelé tumulus. Les femmes ont leur propre monument, on ne les enterre jamais avec les hommes.

## De grands hommes sous des monuments en pierre

Dans le Sud et dans l'Ouest, on va préférer la pierre pour construire ces monuments que l'on appelle des cairns. En Bretagne par exemple, on construit un long enclos de pierres dressées au centre duquel se trouve un coffre en pierre, qui sert de chambre funéraire. En France méditerranéenne, ces monuments sont plutôt circulaires. Pour certains personnages particulièrement importants, on prend même la peine de creuser des fosses très profondes, comme des puits.

# Le mégalithisme

À partir du milieu du Néolithique, près de l'océan Atlantique, de nombreux menhirs, des dolmens, des cairns sont construits. C'est l'époque du mégalithisme, qui signifie "grandes pierres", en référence aux gros blocs de pierre utilisés pour les bâtir.

**Les menhirs**
Ce sont des alignements de pierres dressées sur parfois plusieurs kilomètres, comme à Carnac en Bretagne. Ces alignements se terminent par des cercles de pierres, où l'on se réunit pour observer les étoiles, le Soleil et la Lune, évaluer leur position par rapport aux alignements, mesurer le temps et prévoir les dates des récoltes, des semailles…

**Les cairns**
Les cairns sont des tombes en pierre surmontées d'amoncellements de pierres disposés en gradin ; ils sont délimités par des pierres dressées. Réservés à des personnages importants, les cairns sont bâtis dans des endroits déboisés et surélevés afin que tout le monde puisse les voir. Pour entrer dans la chambre funéraire, on ajoute parfois un couloir s'ouvrant vers l'extérieur des cairns. Il arrive que les couloirs et la chambre funéraire soient décorés de gravures représentant des crosses, des bœufs et des haches... Ces tombes à couloir sont aussi appelées "dolmens" ou "allées couvertes". Aujourd'hui très abîmés, tous les dolmens qu'on peut visiter étaient à l'origine enserrés dans ces cairns.

**Des chambres funéraires où est enterrée toute la communauté**
Si on construit un couloir pour accéder à la chambre funéraire, c'est parce qu'à la fin du Néolithique, celle-ci n'abrite plus un seul défunt mais plusieurs, qu'il faut pouvoir venir déposer au fur et à mesure des décès. Jusqu'à 500 personnes peuvent être enterrées dans ces tombes collectives dans lesquelles on vient régulièrement ranger les ossements, empiler les crânes, trier les tibias et les cubitus... bref, faire de la place pour d'autres morts tout en rendant hommage aux ancêtres. Ces tombes sont installées dans les dolmens mais aussi dans des fosses, dans des grottes ou encore dans des trous creusés dans la craie. À cette époque, on est donc loin des sépultures réservées aux grands hommes : dans la mort, tout le monde est maintenant logé à la même enseigne.

# Les débuts de la métallurgie

La fin du Néolithique, c'est aussi le début de la fabrication et de la diffusion d'objets en métal, notamment en or, en argent, en plomb mais surtout en cuivre.

**Des chercheurs d'or !**
La plupart de ces métaux existent à l'état naturel. Par exemple, on récolte les pépites d'or dans les rivières en filtrant le sable et le gravier. Ensuite, on les travaille par martelage car l'or est suffisamment malléable pour être aplati en plaque et ensuite transformé en petits objets de parure : appliques dessinant une silhouette de bovin, perles, anneaux, etc.

## Et de cuivre

On peut récolter le cuivre dans les rivières mais il se présente aussi sous forme de filon qu'il faut aller chercher sous terre. On le trouve dans ce qu'on appelle des dolomies, une roche dure présente dans le sous-sol du sud de la France et du Massif central. Dans ces régions, à partir du milieu du Néolithique, on exploite déjà plusieurs filons dans des galeries souterraines. Dès le minerai sorti de terre, il faut le concasser puis le laver à l'eau. Ensuite les morceaux les plus riches en minerai sont chauffés dans des fours à haute température afin d'être fondus et moulés en divers objets.

## Les premiers objets en métal !

On fabrique par moulage des poignards, des pointes de lance et de javelot, des poinçons, des haches et des perles. Ceux qui se procurent ces nouveaux objets en cuivre ont un statut social élevé car le cuivre est rare. C'est un métal trop mou pour que les armes et outils fabriqués avec soient véritablement utilisés : c'est une possession plutôt symbolique qui distingue leurs propriétaires des autres hommes. Ils en sont tellement friands qu'ils se font faire parfois des haches en pierre imitant celles en métal.

# Le pouvoir du métal

À l'extrême fin du Néolithique, la coutume d'enterrer tous les morts dans une même tombe existe toujours mais, dans certaines sépultures, on aménage un espace pour accueillir un seul défunt accompagné d'objets particulièrement précieux.

**Des chefs qui détiennent du cuivre**
Dans la société, des individus puissants se distinguent. Ils ont accueilli dans leur village des groupes d'hommes et de femmes venus de l'Est et du Sud qui sillonnent l'Europe tout en diffusant les précieux objets en cuivre que tous convoitent. Ils ont ainsi obtenu avant tout le monde des poignards ou des perles en cuivre et ce contrôle du métal leur permet d'exercer un pouvoir. À leur mort, ils exigent d'être enterrés seuls, avec tous les honneurs dus à leur nouvelle position sociale.

## Un enterrement en grande pompe !

Ils se font enterrer avec leurs poignards en cuivre, des perles en cuivre ou en or, et de magnifiques haches polies perforées, de très grandes dimensions, dont la fabrication est particulièrement complexe. Ces haches sont réalisées dans des roches rares, striées de veines brunes, vertes, bleues, rosées… Seuls quelques artisans les produisent. De très beaux vases en forme de cloche décorés de bandes horizontales sont également déposés dans la tombe.

Ces hommes se font aussi enterrer comme des guerriers et des archers accomplis, avec tout leur attirail : arc, flèches et brassard, une plaque rectangulaire en pierre que l'on attache sur le bras pour le protéger du retour de la corde de l'arc. Ils se distinguent par le luxe, la richesse et la puissance, dans la vie comme dans la mort ; ce sont les premiers vrais chefs qui exercent un pouvoir à la fois politique et économique.

# Vers les âges des métaux

À l'extrême fin du Néolithique, l'Europe entière est sédentaire et pratique l'agriculture et l'élevage. Les chemins carrossables sont tracés pour faire circuler charrettes et chariots qui se multiplient. Car les échanges s'intensifient : l'acquisition des objets en cuivre a ouvert la route à une plus grande circulation des hommes, des objets et des idées.

**Des métaux qui bouleversent la société**
Petit à petit, la demande en cuivre s'accroît. Des forgerons se regroupent au sein des villages dans des quartiers à eux. Des mineurs chargés de leur procurer le minerai travaillent pour eux. Cette activité spécialisée leur permet de faire des essais, d'innover et d'inventer des alliages. Un jour, vers 2000 avant J.-C., ils découvriront le bronze, un mélange de cuivre et d'étain. Des marchands itinérants échangent parfois très loin les objets en métal qu'ils produisent. Mais les routes ne sont pas toujours sûres et on vole régulièrement des objets en cuivre, chez ceux qui les fabriquent comme chez ceux qui les possèdent.

## Vers un monde nouveau

Un nouveau pouvoir politique se fait jour. Certains chefs prennent de plus en plus de pouvoir et de responsabilités. Ils organisent la sûreté des routes et des villages et assurent la protection des mineurs et des forgerons, dont les produits sont si convoités ; ils fixent le prix des métaux et décident des circuits de diffusion des objets en cuivre. Ils ont besoin d'avoir à leur service des archers et des guerriers pour leur sécurité et celle des gens qu'ils protègent, les éleveurs et les agriculteurs qui les approvisionnent en viande, en pain, en fruits… Ce sont les premiers aristocrates de l'histoire. Un jour, à l'âge du Bronze et surtout au premier âge du Fer, vers 800 avant J.-C., ce seront des princes et des princesses qui régneront sur les habitants d'une vallée, d'une contrée, d'une région…

# Quiz

**1.** Quelle est l'origine des populations néolithiques qui arrivent en France ?

a. Amérique.

b. Proche-Orient.

c. Asie.

d. Australie.

**2.** Le Néolithique se situe :

a. Au début de la préhistoire.

b. À la fin de la préhistoire.

c. Durant l'Antiquité.

**3.** C'est une période :

a. Où rien ne change.

b. Révolutionnaire.

**4.** Les Néolithiques sont :

a. Des chasseurs-cueilleurs.

b. Des agriculteurs-éleveurs.

c. Des éleveurs de dinosaures.

**5.** Au Néolithique :

a. On plante des arbres pour faire de jolis parcs dans les villages.

b. On défriche la forêt pour planter des céréales et construire des villages.

**6.** Les maisons au début du Néolithique :

a. Sont minuscules car ce sont des bâtisseurs inexpérimentés.

b. Peuvent être aussi longues que deux autobus mis bout à bout !

**7.** Pour débroussailler les champs, on se sert au Néolithique d'une :

a. Souricette.
b. Herminette.
c. Lapinette.

**8.** En France, au Néolithique, on cultive et on élève :

a. Du maïs et des lamas.
b. Du blé et des vaches.
c. Du riz et des gazelles.
d. Des pommes de terre et des lapins.

**9.** On entrepose les réserves de nourriture et d'eau :

a. Sur les toits des maisons.
b. Dans des greniers ou sous terre.
c. En haut des arbres.

**10.** L'animal qui symbolise la force est :

a. Le lion.
b. L'aurochs.
c. Le bélier.
d. L'éléphant.

**11.** Pour obtenir des objets non fabriqués dans le village :

a. On fait du troc.
b. On paie en blé.
c. On paie en carte bancaire.

**12.** Les jeunes garçons s'entraînent :

a. À la chasse.
b. Au football.
c. À porter des menhirs.

**13.** Les artisans travaillent :

a. La pierre et le fer.

b. La pierre et le bois.

c. La pierre et le plastique.

**14.** Les figurines en terre cuite de femmes les représentent :

a. Toutes maigres pour ne pas donner aux femmes envie de grossir.

b. Toutes rondes car elles symbolisent la maternité.

**15.** Au Néolithique :

a. On ne connaît que les habitants de son village.

b. On peut faire de longs voyages sur terre ou sur mer.

**16.** Les grands hommes sont enterrés :

a. Sous des pyramides.

b. Dans des cairns en pierre.

c. Dans la forêt, sous les plus grands arbres.

d. Dans les champs de blé.

**17.** Certains hommes portent des colliers :

a. En grains de blé.

b. En piquants d'oursin.

c. En dents de loup.

**18.** Notre mode de vie actuel pour se nourrir est plus proche de celui :

a. Des Mésolithiques chasseurs-cueilleurs (tu adores ramasser les champignons !).

b. Des Néolithiques agriculteurs et éleveurs (miam, le bon steak-frites !).

c. Aucun des deux, vive la nourriture en tube et en comprimés !

**19.** À la fin du Néolithique :

a. C'est le retour des chasseurs-cueilleurs.

b. On entre dans l'âge des Métaux.

c. C'est le début de l'âge de l'Internet.

**20.** Ce qui est précieux à la fin du Néolithique est :

a. Le fer.

b. Le cuivre.

c. Les arbres car il n'en reste presque plus.

**Réponses :** 1-b ; 2-b ; 3-b ; 4-b ; 5-b ; 6-b ; 7-b ; 8-b ; 9-b ; 10-b ; 11-a ; 12-a ; 13-b ; 14-b ; 15-b ; 16-b ; 17-c ; 18-b ; 19-b ; 20-b.

**R.C.L.**

OCT. 2014

AA4A6